EDITH STEIN

DAS WEIHNACHTSGEHEIMNIS

EDITH STEIN

DAS WEIHNACHTS-GEHEIMNIS

Mit einer Einführung von
Hanna-Barbara Gerl

Herder
Freiburg · Basel · Wien

Umschlagbild: Rembrandt van Rijn (1606–1669),
Der Traum des heiligen Joseph
(Museum der Schönen Künste, Budapest)

Alle Rechte vorbehalten – Printed in Germany
© Verlag Herder Freiburg im Breisgau 1988
Herstellung: Freiburger Graphische Betriebe 1988
ISBN 3-451-21353-2

Inhalt

Einführung

Von Hanna-Barbara Gerl

Mit Edith Stein wurde am 1. Mai 1987 eine Frau seliggesprochen, die ein Schicksal dieses 20. Jahrhunderts aufweist, im Guten wie im Bösen: 1891 in Breslau geboren, im jüdischen Glauben erzogen, als Gymnasiastin und Studentin selbstverständlich Atheistin und Frauenrechtlerin, Schülerin des bedeutenden Philosophen Edmund Husserl, bei dem sie 1917 „summa cum laude" promoviert und dessen Assistentin sie wird (die erste deutsche Hochschulassistentin in Philosophie!), dann endgültiger Sprung in das Christentum in einer „einzigen Nacht" mit Hilfe der Lebensbeschreibung Teresas von Ávila, darauf Lehrerin in St. Magdalena in Speyer (1922–1932), Dozentin am Wissenschaftlichen Institut in Münster, bis die Ariergesetze 1933 sie dieser Möglichkeit berauben, schließlich Karmelitin in Köln und in Echt/Holland, wo

sie am 2. August 1942 – nach einem holländischen Hirtenbrief gegen die Judenverfolgung – von der Gestapo abgeholt wird
und wahrscheinlich am 9. August 1942 zusammen mit ihrer Schwester Rosa in einer
Gaskammer in Auschwitz getötet und spu-
renlos verbrannt wird.

Ein ungewöhnliches, reich begabtes und
tief gedemütigtes Leben, eine Nachfolge
Jesu durch eine Judenchristin, Philoso-
phin, Martyrerin für die Kirche und den
Karmel, ihr jüdisches Volk und Deutsch-
land und alle ihre Freunde (wie ihr erstes
Opferungsgebet 1938 aufzählt).

Die wirkliche Bedeutung dieser Frau
und „intelligenten Heiligen" für das Volk
Gottes wird wohl erst in den kommenden
Jahrzehnten noch deutlich werden. Denn
in diesem Leben liegen Anstöße, die sich
heute und vielleicht wirklich erst heute in
ihrem tiefen Anspruch abzeichnen. Dazu
gehört die zeichenhafte Verbindung von
Judentum und Christentum, das Wiederer-
kennen des *einen* Volkes Israel im Alten wie
im Neuen Bund; dazu gehört Edith Steins
intellektuelle Vertrautheit mit den denkeri-
schen Problemen des 20. Jahrhunderts und
nicht zuletzt mit der Frauenfrage; dazu ge-

hört letztlich die mystische Lebensnähe ihres letzten Werkes, der „Kreuzeswissenschaft", die das Paradox Jesu – Heilung durch Leiden – erneut für die Unerlöstheit unserer Zeit vor Augen stellt. Dennoch ist gerade das Gesicht der *Mystikerin* Edith Stein vor dem bekannten Leidensweg der *Martyrerin* von Auschwitz in eine Verhaltenheit zurückgetreten. Diese Verhaltenheit war von ihr durchaus gewünscht; „mein Geheimnis gehört mir" – eine solche Antwort auf die freundliche Frage nach ihrem inneren Zustand läßt ein absichtsvolles Schweigen erkennen. Edith Stein hat die Kontur ihrer inneren Erfahrung nur umrißhaft erkennen lassen; auch in der „Kreuzeswissenschaft", während deren Abfassung sie verhaftet wurde, zeichnet sich dieses verschwiegene Gesicht nur undeutlich ab.

Das vorliegende Buch eröffnet jedoch eine seltene Annäherung an die Mystikerin Edith Stein, wenn auch wieder in einer ausdrücklich zurückhaltenden Weise. Vor dem Hintergrund ihres Lebensweges sind freilich Andeutungen, einige rasche und tiefe Hinweise erkennbar, die eine meist nicht benannte Erfahrung eines unmittelbar und kaum von außen einsichtigen Weges zu Gott erraten lassen. Um die drei Texte vor diesem verschwiegenen, aber glühenden Hintergrund deutlicher werden zu lassen, sei dieser Lebensweg nachgezeichnet.

Schicksal ist nichts als das Dichte der Kindheit" – dieses Wort von Rainer Maria Rilke trifft merkwürdig auf das Mädchen zu, das als elftes und letztes Kind einer jüdischen, eher kleinbürgerlichen Familie in Breslau geboren wird. Schon die Geburt am 12. Oktober 1891, dem großen Versöhnungsfest ("Yom Kippur"), war der Mutter Auguste Stein immer auszeichnend und symbolisch: es war der einzige Tag im Jahr, an dem der Hohepriester das Allerheiligste des Tempels betreten durfte, um die Sünden des Volkes durch ein Opfer zu tilgen und Gottes Vergebung für ein weiteres neues Jahr zu erflehen (Yom Kippur ist zugleich die Oktav des jüdischen Neujahrfestes). In der Diaspora nach der Tempelzerstörung wurde es schließlich zum Tag strenger Buße unter Fasten und Beten, bis am Abend nach Sonnenuntergang ein Fest der Freude, eben der geglückten Versöhnung, „ausbricht"[1] – in der christlichen Liturgie nur vergleichbar mit Karfreitag und Ostern, auf einen einzigen Tag zusammengezogen. Ein erst jetzt wiederveröffentlichtes Schriftstück Edith Steins von 1936, „Das Gebet der Kirche", enthält den ungewöhnlichen, theologisch richtigen Vergleich von Versöhnungstag und Karfreitag – ohne übrigens anzudeuten, wie unerhört viel diese Parallele für Edith Steins Identität bedeutete[2]. Die Symbolik des Opfertieres, des holocaustum, ist ja – wie sich rückblickend sehen läßt – der Antrieb für Edith Steins Lebensopfer geworden; ihr Tod holte ihr Geburtsfest zeichenhaft und zur Gänze ein.

Edith, mit knapp 2 Jahren schon vaterlos, wird erzogen in einem Haus reicher mütterlicher Frömmigkeit – ein für ihr späteres Gebetsleben grundlegendes Erbe. Wenn berichtet wird, wie streng sie in der

---

[1] Eine lebhafte Schilderung des Festes, zeitgenössisch zu Edith Stein, findet sich bei Bella Chagall, Brennende Lichter (1939), Reinbek 1966, im Kapitel „Versöhnungstag".
[2] Verborgenes Leben. Hagiographische Essays, Meditationen, geistliche Texte, Edith Steins Werke XII, Freiburg i. Br. 1987, 16 ff.

Passionswoche, lange Jahre zum Beispiel in Beuron, zu fasten pflegte, wie reglos sie im Gebet verharrte, ja durch stundenlanges Knien nicht erkenntlich müde wurde – so ist das ein „Vorsprung", den sie ihrer Mutter und ihrer überkommenen Kultur verdankte. In Münster fand eine Schwester am Weihnachtsmorgen 1932 Edith Stein noch am selben Platz in der Kapelle, den sie am Abend bei der Mette eingenommen hatte – sie war, wie mehrfach auch in Speyer, die ganze Nacht geblieben. „Wie könnte man in einer solchen Nacht müde werden", war ihre erstaunte Antwort auf die Verwunderung der Schwester. Aus dieser zuchtvollen Gebetstradition brachte Edith außerdem die Freigebigkeit ihrer Mutter gegen die Armen mit, die sie mit Diskretion – einer der von ihr geschätzten Tugenden – handhabte. Es sei ein kühner Satz gewagt: Am 1. Mai 1987 wurde mit der Tochter wohl auch die Mutter geehrt, denn in vielen Eigenschaften waren sich die beiden Frauen geistesverwandt.

Freilich verliert das Mädchen, das sich durch besondere Intelligenz und ziemliches Selbstbewußtsein auszeichnet, im Alter von etwa 13 Jahren, in der Pubertät also, ihren Kindheitsglauben. Hieran schließt sich eine Phase des Atheismus, verstärkt durch den selbstverständlichen, fast „aromatischen" Atheismus oder Agnostizismus der damaligen Universitäten. Für die Kontur Edith Steins ist unbedingt zu unterscheiden: nicht die Jüdin, sondern die Atheistin wird Christin und als Christin noch einmal Jüdin, oder wohl besser: Judenchristin.

Dieser Kehre geht eine Zeit besonderen Leidens aus mehrfachen Gründen voraus: von 1918 bis 1921. Die unerhört rasche Karriere an der Universität wird durch ihre eigene Kündigung der Mitarbeit bei Husserl beendet (lange Jahre hoffte sie, an den Katheder, die ihr gemäße Stelle, zugelassen zu werden – mit dem Abweisen ihrer mehrfachen Habilitationsgesuche wurde eine einzigartige historische Möglichkeit vertan: eine katholische Intellektuelle von hohen Graden auf einem Lehrstuhl der 20er Jahre!). Hinzu kommt eine zerbrochene Beziehung, ja Fast-Verlobung mit dem Philosophen und Husserl-Schüler Hans Lipps, der eine Zeit der „Totenstille aus eigener Kraft" folgt.

In dieser Weglosigkeit liest sie im Sommer 1921 „zufällig" die Autobiographie Teresas von Ávila, sagt sich nach der durchlesenen Nacht „Das ist die Wahrheit!" und ergreift den Glauben, ja sogar den sofort erstandenen Katechismus fast blitzartig. Voraus geht freilich bereits eine längere Lektüre des Neuen Testaments, der Kirchenväter, darunter besonders des Augustinus, aber auch Luthers, denn eine geraume Zeit schien ihr der Protestantismus die einzige Alternative unter den christlichen Konfessionen zu sein. Bei all dem blieb Edith Stein jedoch eher unberührt, wenn auch wohl schon intellektuell überzeugt von der Wahrheit des Christentums. Es war aber merkwürdigerweise erst Teresa, die außer ihrem Kopf auch ihr Herz erreichte und bei deren Lektüre sie in wenigen Stunden drei Lebensentschlüsse faßte: Christin zu werden, katholisch zu werden, Karmelitin zu werden. Der „Blitz" dieser einen Nacht in Bergzabern muß jedoch vor dem Hintergrund einer mehr als zweijährigen geistigen Wüstenwanderung gesehen werden.

Die Wucht der Anziehung ist erheblich: sie läßt sich am 1. Januar 1922 in Speyer taufen und am 2. Februar firmen – an zwei bewußt gewählten Festtagen, an denen die katholische Liturgie jüdisches Ritual mitfeiert (seit kurzem und ohne Erklärung übrigens nicht mehr!). Am 1. Januar wurde die „Beschneidung des Herrn", am 2. Februar die „Reinigung Mariens im Tempel", vierzig Tage nach der Geburt, begangen. Durch die Taufe trennt sie sich gleichwohl von ihrer Kindheits-Kultur, wie ihr auf persönlichste und bedrückende Weise klar wird am tiefen Schmerz und bleibenden Unverständnis ihrer Mutter und der Familie. Wenn sie die Mutter in die Breslauer Synagoge begleitet, betet sie dort die Psalmen lateinisch mit – welcher Schritt der existentiellen Trennung! Elf Jahre später, nach der Ariergesetzgebung 1933, eröffnet sie der Greisin ihren innersten Wunsch, in den Karmel einzutreten: dieser (endgültige) Abschied erfolgt für beide Seiten in herzzerreißender Weise, gerade in Anbetracht der religiösen Stärke beider Frauen und der großen Liebe zwischen ihnen. Er läßt sich nicht unzutreffend als die erneute Begegnung und Trennung von Synagoge und Kirche charakterisieren. Hier traf nicht Unglaube auf Glaube, vielmehr, sehr heftig, Glaube auf Glaube. Der Mutter war der Gedanke unverwindbar, die jüngste geliebteste Tochter habe den „einzigen Gott Israels" verraten, wie sie es in einem kurzen, mühsamen Gespräch formulierte. Und der Tochter blieb als Bitterkeit, daß sie ihren Entschluß nicht deutlich machen konnte.

In den folgenden Kölner Karmel-Jahren wurde sich Edith Stein gerade als Christin der besonderen Auszeichnung wie der Last ihrer jüdischen Abstammung bewußt. Den Rassenterror der Nationalsozialisten kommentierte sie hellsichtig, er richte sich gegen die menschliche Natur des Herrn. Kraft dieser menschlichen Natur wußte sie sich „blutsverwandt" mit den Aposteln, Maria, der ersten Kirche überhaupt. Bekanntlich ersuchte sie um eine Enzyklika des Papstes gegen die Judenverfolgung. Mit welcher Freude hätte sie wohl auf das Konzil und seinen Impuls reagiert, auf den überfälligen Gesprächswillen zu den „älteren Brüdern". Statt dessen lebt sie sich, allein von ihrem Herz und Intellekt geleitet, in diese wenig vorgebahnte Gedankenwelt hinein, arbeitet sich durch das Alte Testament, ja findet zu einem Vergleich ihrer

selbst mit der Königin Esther[3]. Deren Gestalt begleitet sie zeichenhaft – ähnlich wie
die Kraft des Versöhnungstages – bis zum
Ende. Wenn in der Beuroner Sakraments-
kapelle, wo Edith Stein bewegungslos zu
knien pflegte, Miriam, Sulamith, Judith,
Esther als Vorläuferinnen Marias abgebil-
det sind, so hat ihr diese Denkwelt zutiefst
entsprochen. In einem jüngst veröffent-
lichten Dialog aus den Echter Jahren (zwischen 1939 und 1942) erscheint Königin
Esther in nächtlicher Vision einer Oberin
und bittet den ganzen Karmel um Gebet
für ihr „verhöhntes Volk"[4] Noch die letzten
Worte beim Abtransport am 2. August
1942 an ihre Schwester Rosa lösen diesen
Opferwillen ein: „Komm, wir gehen für
unser Volk."

So ist Edith Steins erste, nicht beabsich-
tigte, aber „zugefallene" Bedeutung wohl
die neu bewußt gewordene, vielfach ver-
drängte Verbindung von Christentum und
Judentum: beiden auf verschiedene Weise,
aber innigst zugehörig, für beide mit dem-

---

[3] Brief 281, in: Selbstbildnis in Briefen, 2. Teil 1934–1942,
Edith Steins Werke IX, Freiburg 1977.
[4] Nächtliche Zwiesprache, in: Verborgenes Leben a. a. O.
165–171.

selben Zeugnis eingetreten, dem Zeugnis ihres erzwungenen, aber willentlich angenommenen Todes. Erinnerlich sind noch die Auseinandersetzungen, die der Seligsprechung vorausgingen: starb Edith Stein als christliche Martyrerin *oder* als Jüdin? Das Ausschließliche einer solchen Fragestellung ist von vornherein falsch: es gehört zur einfachen historischen Redlichkeit zu sagen, daß Edith Stein als Jüdin umgebracht wurde, aber es gehört auch zur biographischen Redlichkeit ihr gegenüber zu begreifen, daß sie dieses Schicksal mit Bewußtsein als Christin trug. In der einzigen Formel von der „großen Tochter Israels und des Karmel" gelang es wohl dem Papst zusammenzufassen, wie sie sich selbst verstanden hätte. Und das Kirchengebet während der Feier im Kölner Stadion, lange nicht mehr so ausgesprochen und mit einem unglaublichen Ruck die gemeinsamen Wurzeln bloßlegend, begann: „O Gott Abrahams, Isaaks und Jakobs." So ist Edith Stein durchaus nicht museal, als „abgelegte Geschichte" zu lesen. Ihr Leben schien sie, fast erzwungen, zu einer Aufgabe vorzubereiten, die wohl bis heute noch nicht verdaut, noch nicht begriffen ist.

Was Edith Stein mit seltener Eindringlichkeit zu verwirklichen strebt und was
ebenso zum Unverdauten oder auch Fern-
gehaltenen christlicher Einsicht gehört, ist
der Gedanke des Opfers oder noch deutlicher: der Gedanke, sich in eine Lücke ein-
setzen zu lassen, ohne diese Lücke selbst
auszusuchen. Diese Nähe zu Gott, die
Edith Steins reifes Leben sichtlich auszeichnet, ist zugleich eine Nähe zum Un-
tergang. Und das Heimisch-Werden in
diesem Gedanken, im Ausfüllen einer
Lücke zugrunde zu gehen, wächst in Edith
Steins Jahren im Karmel zu einer inneren
Gewißheit, sich Gott für eine solche Einfügung in ein ihr unbekanntes Mosaik anbie-
ten zu sollen. Von daher ist ihr geistliches
Leben, sosehr es Anzeichen einer großen
Freude gibt, zugleich wie von dem Schleier
eines nahenden und dunklen Geheimnis-
ses verhüllt. Der treffendste Titel für diese
sich verdichtende Erfahrung ist wohl
„Kreuzeswissenschaft", jene neue Art von
Wissen – entgegen der ihr gewohnten
Welt der Wissenschaft –, die grundsätzlich
einer paradoxen Erfahrung entspricht. In
dieser paradoxen Erfahrung wird das Denken, auch das von Edith Stein so geliebte

philosophische Denken, an eine Grenze geführt – die Grenze, die man eigentlich nur noch leben, nicht denken kann. Vielmehr wird die wirkliche Begegnung mit dem Göttlichen die Systematik des Gewußten zerreißen, in mehrfachem Sinn nichts übriglassen.

Übrigens bleibt es zeichenhaft, daß es gerade für Edith Steins Lebensende gar keine Aussage, kein Feststellen, nichts Haltbares mehr gibt: man weiß weder ihr genaues Todesdatum noch die Umstände ihres Sterbens und besitzt auch kein Grab. Ihr Ende entzieht sich, wie sich das Wesentliche an ihr dem Festhalten entzieht. Auch ihre Bücher geben wenig Auskunft über dieses Durchkreuztwerden.

Aber gerade hier gilt: Man kann sich nicht selber abreißen, destruieren, sondern vielmehr sich arm machen lassen dadurch, daß man sich von einem anderen erfüllen läßt: Die „Kreuzeswissenschaft" kreist um die Einsicht, was es bedeutet: Existieren als ein sich Gegebener, von sich loskommen, indem man das, was man ist, als Gabe lebt. Und das heißt, sich selber nicht als Gabe *haben*, sondern weggegeben sein und sich weggeben lassen. Edith Stein hat die Eucharistie als den Mittelpunkt ihres Lebens bezeichnet, eben in der Haltung des Zerbrochenen (wie die Hostie sich brechen läßt).

Diese schwierigen, mehr noch: schweren Gedanken sind von Edith Stein nicht immer in derselben Dichte ausgesprochen worden; gegen Ende ihres Lebens wachsen aber die Formulierungen in eine solche paradoxale Mitteilung hinein. Ist man einmal aufmerksam auf diese Töne, so wird sich aber auch schon die Vierzigjährige vor dem Untergrund solcher immer mitlaufender, aber noch leiser Erfahrungen konturieren. Helle und dunkle Töne vermischen sich gerade in den drei Texten dieses Buches, die bisher fast unbekannt oder unbeobachtet geblieben sind. Mit der Kenntnis der späten Edith Stein, die auf den Weg des vollständigen Schweigens und der Auslöschung gewiesen wurde, treten in diesen knappen Arbeiten die dunklen Töne erst merklich hervor, geben gleichsam eine Grundmelodie, die vor dem sonst so leuchtenden, ja kindlich anmutenden Stoff des Weihnachtsfestes wohl überhört worden wäre. Im Spiegel dieser Texte scheint nicht nur das Weihnachtsgeheimnis auf, sondern auch die Autorin selbst. Wer mit Weihnachten sonst nur Zauber und Erinnerung verbindet, wird hier vor einen Ernst geführt, der dem Fest eine weit stärkere Kraft verleiht.

Es handelt sich um die Meditation „Menschwerdung und Menschheit", Anfang des Jahre 1931 rasch und glühend niedergeschrieben, und um zwei Ansprachen zu Epiphanie 1940 und 1941 für den holländischen Karmel in Echt. Alle drei Texte berühren das Weihnachtsgeheimnis mit einer merkwürdigen Hellsicht für die Forderungen, vielleicht Überforderungen dieses Festes. Wenn der erste Text das Glück, ja den Zauber der Weihnacht nennt, dann um diese „Poesie" sofort an dem „Geheimnis der Bosheit" zu bewähren, das dicht neben der Krippe auftaucht, in dem gesteinigten Stephanus und den erschlagenen Kindern von Bethlehem. Die zwei späten Ansprachen, knapp und schon bedrängt vom eigenen Leiden, machen die „Erscheinung des Herrn" vor den drei Weisen in einer immer möglichen Ausweitung deutlich: der Herr kann unter den drei Gaben gerade die Myrrhe der „äußersten Armut", der Lämmer vor der Schlachtbank, einfordern.

Der erste Text mit dem Haupttitel „Das Weihnachtsgeheimnis" ist offenbar die Niederschrift eines Vortrages vom 13. Januar 1931 in Ludwigshafen[5]. Die Grundgedanken waren in den Beuroner Weihnachtstagen kurz zuvor aufgetaucht; über Sr. Agnella Stadtmüller OP in Speyer geriet die Handschrift zunächst durch Schreibmaschine vervielfältigt an Interessenten, schließlich an die Priorin Teresia Renata de Spiritu Sancto in Köln, wo diese Betrachtung als Broschüre 1950 im Selbstverlag des Karmel herausgegeben wurde[6].

So wie der Text vorliegt, war er zum Vortragen bestimmt und wohl nie für die Öffentlichkeit gedacht. Die Sprache ist einfach; manches klingt aber heute, einer religiös nüchternen Zeit, inniger als gewohnt. Freilich ist zu bedenken, daß die Sprachhaltung dieser Zwischenkriegszeit insgesamt

---

[5] Vgl. Brief Nr. 78 an Pfarrer Ludwig Husse in Ludwigshafen vom 2.1.1931, in: Edith Steins Werke, Bd. VIII, Selbstbildnis in Briefen, 1. Teil (1916–1934), Freiburg i. Br. 1976, 78.

[6] Diese Mitteilungen und auch die Beschreibung des Maschinenexemplars im Karmel Köln verdanke ich der freundlichen Auskunft von Sr. Maria Amata Neyer OCD vom Karmel Köln in einem Brief vom 10.4.1988. Demgemäß hat Sr. Agnella das handgeschriebene Original schon etwa um 1947 vermißt; sie gibt noch den reizenden Hinweis, Edith Stein habe lose, alte „heilige Armut"-Blätter verwendet, d.h. solche, die auf einer Seite schon benutzt waren.

– nach dem „ver sacrum catholicum" der 20er Jahre – mitten in der liturgischen und Jugendbewegung farbig, reich an Bildlichkeit, expressiv, bedeutungsschwer ist, wenn man nur an die mit Edith Stein befreundete Gertrud von le Fort denkt (oder auch an die Metaphorik Ruth Schaumanns). Im Vergleich dazu bleibt Edith Stein durchgängig einfacher, weit weniger der Alltagssprache enthoben, weniger gewollt und „empfindend" oder – wie es in den 20er Jahren zustimmend oder ablehnend hieß – „neutönend", also subjektiv, wortschöpferisch. Dieser sprachlich hochgesteigerte Hintergrund sei manchen Wendungen, die heute zu poetisch anmuten, zugute gehalten.

Überhaupt ist in dem Text der Gedanke das Treibende, weniger die sprachliche Formung, erst recht nicht um ihrer selbst willen. Und der Grundgedanke erscheint freilich als ein schon lang gedachter, sonst wäre er nicht so rasch aufs Papier geworfen, so zielsicher und eigenartig an sein Ende geführt. Vielleicht ist es noch nicht einmal der Gedanke – obwohl die theologische Grundlegung deutlich wird – als vielmehr eine Einsicht, ein längeres Ergreifen (oder Ergriffenwerden von) einer weihnachtlichen Erfahrung, die, einmal erweckt, gleichsam Kreise zieht bis zu einer sehr ernsten Wahrnehmung.

Hauptsächlich geht es Edith Stein darum, eine Hilfe zum geistlichen Mitleben des Weihnachtsfestes zu geben, in eine vertraute Nähe zu der Krippe zu führen, ohne eine unreife oder gar kindische Sentimentalität einzunehmen. Wie kann man sich als Erwachsener und (hoffentlich) gereifter Christ in das Geheimnis der Menschwerdung einfinden, und zwar mit dem Anspruch, von diesem Geheimnis aus sein Leben zu erschließen oder erschließen zu lassen?

Der Umgang mit Gott ist für Edith Stein nicht eigentlich einfach, er wird es erst, wenn man eigentümliche Schwierigkeiten, in seine Nähe zu gelangen, durchlebt hat. Solchen eigentümlichen Schwierigkeiten, dem Wall an bloßem Gefühl, Adventsstimmung oder der Unverständlichkeit des Festes versucht Edith Stein helfend zu begegnen. Dies gelingt ihr, indem sie die Bedeutung des Weihnachtsfestes theologisch öffnet und es aus einem besonderen, auch besonders rührenden Fest zu einem all-

gemeinen Schlüssel für die Annäherung
an Gott macht. Darauf zielt der merkwürdige Doppeltitel „Menschwerdung und
Menschheit": es geht um die Frage, wes-
halb der Eine alle angeht. Und dieser Frage
widmet sie den größten Teil der theologischen Ausführungen unter der Überschrift
„Der mystische Leib Christi" in Anlehnung
an Paulus.

Die Gedankenführung steuert überra-
schend schnell auf dieses Thema hin, nachdem im *ersten* Abschnitt, gleichsam als
Ouvertüre, die Einstimmung auf Weihnachten durch Natur und festliche Ge-
wohnheit, anspruchsvoller aber schon die
Einstimmung durch die adventliche Liturgie angedeutet wurde. Im *zweiten,* schon
schwieriger werdenden Gedankengang
bringt sie sofort das Geheimnis der
Menschwerdung mit dem Geheimnis der
Bosheit zusammen. An der Krippe selber
vollzieht sich die Trennung der Gefolgschaft: jener guten Willens und jener eines
finsteren Willens. Die schwere Wahrheit
dieser Entscheidung an der Krippe reicht
über alle Poesie hinaus in eine Entscheidung zwischen Leben und Tod, zwischen
Licht und Finsternis – wie es das Rot des

Blutes und das Violett der Trauer bei Stephanus und den Säuglingen von Juda unentrinnbar deutlich macht.

Von hier aus der Anlauf zum Wesentlichen: in der Menschwerdung Jesu ist eine Theologie der Menschheit lesbar. Der Grundsatz lautet, daß sich Menschheit nicht aus einer Summe von Einzelleben addiert, sondern daß auf geheimnisvolle Weise alle eins sind: vom Glauben formuliert im Fall des Einen sowie in der Gerechtigkeit des Einen. Wie Adam alle betrifft, so betrifft Christus alle. Von vornherein darf dieses Zusammengehören nicht bloß als Hypothese angenommen werden, sondern als eine Grundtatsache, die es erlaubt, das Menschsein ernst zu nehmen. Es bedeutet nämlich, daß die Menschheit ihre Einheit durch Gott erhält und von ihm aus als Einheit behandelt wird: größte Entscheidungen geschehen unabhängig vom winzigen Leben des Einzelnen stellvertretend in Schuld und Bezahlung der Schuld.

Mit derselben Eindringlichkeit ist aber die Menschwerdung nicht nur Ausdruck dafür, daß die Menschheit als Einheit in Gott zu fassen ist, sondern ebensosehr als eins untereinander, wobei dieses „Unter-

einander" paulinisch als Leib Christi, geheimnisvoll organisch und geheimnisvoll
wirksam, gefaßt wird. So ist die Menschwerdung nicht nur die erneute Bergung
und Bestätigung der Einheit von oben; sie
ist in nicht geringerem Maße eine Beziehung nach außen, d.h. eine Verknüpfung
des Organismus der Menschheit mit sich
selbst. Von hier aus wird deutlich, daß die
Liebe zum „fremden Menschen" keinen
Fremden, sondern in kühner Weise den eigenen Verwandten, noch tiefer gesehen
Gott selbst meint.

Ein *dritter* Gedanke entwickelt sich daraus mit Notwendigkeit: auf das Haupt dieses Leibes sein Vertrauen zu setzen. Hier
kommt eine wunderbar helle Seite Edith
Steins zum Vorschein, nachdem nun ihr
Ernst so sehr betont wurde: sie spricht von
der Freiheit und Fröhlichkeit einer Über-
gabe an dieses Haupt. Nimmt man den Gedanken der Einheit ernst, so ist ja auch das
Vertrauen auf den Halt dieser Einheit, die
väterliche Souveränität über diesen Leib
einsichtig. Die schwere Last der Verant-
wortung ist abzulösen von der Leichtigkeit
der Überantwortung.

Diese Passage klingt wiederum aus in

die Thematik der dunklen Nacht. Der Weg der Willensübergabe meint grundsätzlich Helle, nämlich die Helle der abgegebenen Sorge; die Helle kann aber auch, subjektiv gesehen, Verlust der Orientierung bedeuten: „Gott ist da, aber Er ist verborgen und schweigt." So wird die Zugehörigkeit zum Einen auch erfahren werden können als Zugehörigkeit zur eigenen Verdunkelung, deutlicher gesprochen: Sie wird als Anteil am Leiden Jesu eingefordert. Einheit meint alles, damit auch Anteil an der erlösenden Kraft solcher Stellvertretung. Überhaupt wird die Isolation menschlichen Daseins durch die Zugehörigkeit zum Organismus des Einen sinnvoll aufgehoben: sinnvoll sowohl im Angenehmen wie im Unangenehmen. Genauer gesagt wird diese Unterscheidung überwunden: da alles angenommen wird, weil es sinnvoll ist, wird es auch angenehm.

So dient der *letzte* Gedanke dann der erwartbaren Tatsache, wie die Glieder dieses Leibes auch in der Dunkelheit, nach Erlöschen des inneren Lichtes, dem geheimnisvollen Leib zugehörig bleiben und sich nicht aus Verwirrung für abgetrennt halten. Hier erteilt Edith Stein selbsterprobten

Rat über einfache Vollzüge (wie sichtbar ist hier ihr eigenes Tasten schon so weit vorgedrungen, daß sie vorsichtig, aber überzeugt solche Hinweise gibt). Die Mittel, im ganzen zu Hause zu sein und zu bleiben, sind vierfach: Beten, Gehorsam gegen den Geist und seine Kirche, das Verlassen auf die Fürbitte und vor allem die tägliche Teilnahme an der Eucharistie. In dieser „dauernden Ernährung" vollzieht sich das Weihnachtsgeheimnis. Die Menschwerdung des Einen in den Vielen geschieht in der Tat leibhaft, sinnlich, lebendig, täglich. Die Umstellung des ganzen Lebens, von der Gleichgültigkeit gegenüber den eigenen Vorlieben bis zum Annehmen und Ertragenlernen des „unerbittlichen Lichtes der göttlichen Gegenwart" verändert so die eigene Kontur. Der Eintritt ins liturgische Leben beläßt nichts so, wie es ist. Ein Ganzes wird in den Mysterien gefeiert, als ganzes wird das Leben dadurch eingefordert. *Aspekte* der einen Wahrheit sind zu wenig, und seien es auch wahre Aspekte. Die Krippe ist nur *ein* Blick auf die Wahrheit des Ganzen, ein Stehenbleiben bei ihr nur Ausweg, in die Idylle nämlich. Die Idylle wird erst wahr, wenn sie den Ausgang zur

Schädelstätte freigibt. Damit sind der Krippe und dem Kreuz Ernst und notwendige Ganzheit hinzugefügt; eine Durchsichtigkeit ist gewonnen, welche das Heilige nicht zur eigenen Erbauung benutzt.

Menschwerdung und Passion gehören zusammen. Auch umgekehrt gilt: die Passion und das Glück des Kindes gehören zusammen.

Umfang, Thema und Hörerkreis wechseln entschieden in den beiden kürzeren Texten, die für das Dreikönigsfest 1940 und 1941 im holländischen Echt verfaßt und erst seit kurzem veröffentlicht sind[7]. Eine dritte Rede dieses Typus zu Epiphanie 1942 (aus Edith Steins letztem Lebensjahr) ist erhalten, aber – wohl wegen der Abfassung in holländischer Sprache(!) – noch nicht gedruckt[8].

Angesprochen sind die Echter Karmelschwestern, die an Epiphanie – wie im Kar-

---

[7] In: Verborgenes Leben, Edith Steins Werke XI, 144–151. Dort findet sich auch die Manuskriptbeschreibung der Originale im Löwener Edith-Stein-Archiv durch die Herausgeberin Lucie Gelber (S. XXIV).

[8] Siehe ebd. Notiz der Herausgeberin, S. XXIV, Anm. 1.

mel Brauch – ihre Gelübde erneuerten. Edith Stein wurde offenbar durch die Priorin gebeten, eine geistliche Einführung und Ermutigung zu diesem Fest zu entwerfen. Selbstverständlich waren diese Gedanken nur für den inneren Kreis, gleichsam für die religiöse Familie bestimmt. Sie setzen, anders als der Vortrag, eine längst entschiedene Hingabe voraus, bleiben knapp, verständigen sich rasch über das Erforderliche. Die Sprache wird ungezierter, von innen heraus erleuchtet, vom Gedanken getragen – in einer solchen Dichte, daß die besondere Bedeutung gerade der ersten Ansprache wohl auf den Augenschein hin nicht einmal hervortritt.

Gerade wegen dieser Dichte sind die Texte noch einmal in eine solche allgemeine Veröffentlichung aufgenommen: über den Karmel hinaus zeigen sie eine eindringliche Beschäftigung mit dem Thema der Krippe, die sich von den sonstigen meditativen Annäherungen unterscheidet.

In dem Text „Verborgenes Leben und Epiphanie" von 1940 erscheint eine Zweiteilung des Gedankens: zunächst und unerwartet eindringlich eine Theologie der

Kirche, sodann die Anwendung des Be-
dachten auf die eigene Existenz. Besonders
der erste Teil erschließt sich erst bei mehrfachem Lesen; in seiner Knappheit erweist
sich ein wohl längst von Edith Stein erar-
beiteter Gedanke. Es geht um nicht weniger als um die Frage der unsichtbaren
Kirche (erst weit später durch Karl Rahner
mit dem Ausdruck des „anonymen Christen" der Öffentlichkeit vorgestellt). Im
Grunde gibt Edith Stein eine theologische
Beleuchtung der Entwicklung von den Ur-
eltern Adam und Eva bis zur Krippe. Die
Krippe bündelt, manifestiert alle vorange-
gangene menschheitliche Entwicklung; sie
ist gleichsam Kreuzungspunkt nach rück-
wärts und vorwärts. Denn Kirche erscheint
deutlich und sichtbar erstmals an der
Krippe, ist aber längst vorher und unsichtbar geformt. Der Weg dieser unsichtbaren
Kirche beginnt im Grunde im Paradies: so-
fern die Stammeltern mitten im Gericht bereits einen „Strahl des Geistes" aufnahmen
und mitnahmen, begann mit ihnen jene
Neuformung des Menschen, die mit dem
Kind in der Krippe anschaulich wurde.

Weihnachten ist für Edith Stein Fest des
Lichtes: Licht steht für Geist, nicht für

Stimmung. Trost des Lichtes ist die Treue des Geistes, zu seiner Schöpfung nämlich und noch weit mehr zu der Neuschöpfung nach dem Fall. Je länger die Geschichte dauerte, desto stärker drängte diese Treue des Geistes zur Offenlegung des Neuen. Längst vor den Königen in Bethlehem sieht Edith Stein Vertreter der neuen Menschheit zu Gott drängen: die Patriarchen (ungenannt, aber gemeint: Abraham, Isaak und Jakob), Moses, schlechthin alle umgeformten Menschen, die sich dem Willen Gottes überließen. Vermutlich um in der damaligen Zeit und Geisteshaltung nicht Anstoß zu erregen, verwendet sie das Wort Israel nicht, tatsächlich spricht sie aber von nichts anderem als der Erwählung des alten Bundesvolkes zur unsichtbaren Kirche mit einer Selbstverständlichkeit schönster Art.

Freilich gibt es – ein zweiter Gedanke – verschiedene Formungen durch Gott: die äußerlichste wohl jene, in welcher der Mensch ohne sein Wissen als Werkzeug gebraucht wird; weitergehend dann jene eindringliche Bildung, welcher der Mensch seine Zustimmung gibt. Erst diese innere Bildung macht die Zugehörigkeit zur „Kirche" aus – Kirche im offenen Sinne aller sich Gott aussetzender Menschen gemeint. Es fällt der merkwürdige Satz, der durchaus nicht konfessionell, noch nicht einmal im strikten Sinne christlich gemeint ist: „Je tiefer eine Seele mit Gott verbunden ist, (...) desto stärker wird ihr Einfluß auf die Gestaltung der Kirche sein." Immer ist dabei mit zu bedenken, daß sich hier noch nichts als sichtbare Struktur, als Verwaltung des Religiösen deutlich gemacht hat – es geht im wesentlichen um die Einweisung des einzelnen Menschen durch Gott: „Zum großen Teil bleibt der gestaltende Strom des mystischen Lebens unsichtbar."

Als Definition der unsichtbaren Kirche ergibt sich der „lebendige Zusammenhang" und die „große göttliche Ordnung" in den unbekannten Menschen. Deutlicher gefaßt sind es vor allem Gestalten des Alten Testamentes. Diese Entwicklung läßt sich überhaupt erst erkennen durch die Krippe, an der die unsichtbare Kirche in die sichtbare wechselt. Konzentration aller Vergangenheit im Augenblick der Menschwerdung: Konzentration aber deutlich benennbar im Volk Israel, das die

Handelnden und ersten Betrachter bei dieser geheimnisvollen Epiphanie Gottes stellt.

Noch einmal wird Edith Stein verhalten, aber mit großem Ernst und vielleicht Stolz den Satz notieren, daß von Juda das Heil gekommen sei. Die einzigen Vertreter der Wahrheitssuche aus den Heidenvölkern sind die Könige, wiederum Vertreter der unsichtbaren Kirche, aber Einzelexistenzen außerhalb Israels. Mit ihnen wird nun „die Kirche aus Juden und Heiden" an der Krippe gegründet.

In diesem Entwurf hat Edith Stein mit ungewöhnlicher Offenheit einen Blick auf die theologische Zusammengehörigkeit des Alten und Neuen Bundes geworfen. Sie wird sogar in einer sonst unbekannten Wortprägung vom „Urevangelium" sprechen, womit sie die alttestamentlichen Schriften meint. In der Menschwerdung ist ihr die Stelle der Berührung des Alten und Neuen Israel gegeben – sicherlich jene Berührung, die sie selbst an ihrer eigenen Person empfunden hat und zu einem schmerzlichen Ende bringen mußte. Nicht deutet sie an die Tatsache, die eigentlich ihr Leben kostete, daß sich durch die

Menschwerdung Synagoge und Kirche auch trennten.

Im zweiten gedanklichen Ausgriff zieht sie nun die Könige, also die Vertreter der Heiden in der unsichtbaren Kirche, zum Vergleich mit der eigenen Lage heran.

Das Drängen der Könige zu einem Unbekannten, hinaus und weiter, ist ihr die Grundlage des Vergleichs. Sie zeichnet eine offene, ja unabgeschlossene Dynamik der Berufung (und diese Berufung sollte wohl heute nicht im engeren Sinne für das Kloster, sondern für das Christsein verstanden werden). Denn in dieser Suche nach dem Unbekannten sind sehr wohl Stationen des Findens einzutragen, aber nur um zu neuer Suche aufzubrechen. Darin liegt auch der Sinn einer immer wieder erneuerten Hingabe: vom Finden zur weiteren Suche fortzuschreiten. Für Edith Stein gibt es Steigerungen von Gnade: nie kann es eine endgültige Ankunft geben; nie hat sich die Gnade erschöpft.

Selbst das endgültige Geben der drei königlichen Gaben, selbst der endgültige Tausch mit dem göttlichen Kind heißt ja in der biblischen Geschichte trotz allem eine

Rückkehr in den Alltag, ein Verlassen des Gefundenen. So sind ihr die drei Könige „ernster Mahnruf": immer erneute Bereitschaft, weiter auf die Wanderung zu gehen, immer erneutes Vertrauen darauf, daß durch diese Wanderung der Einzelnen auch das Ganze, nämlich das Angesicht der Erde, verändert werde. Gerade weil die Wanderung in der Regel allein vor sich geht, sollte diese Belohnung durch die Erneuerung des Ganzen aber nicht sichtbar erwartet werden. Ohne Bewußtsein des Wirkens ist ein Überlassen an den Wirkenden notwendig – die Wege dieser vielen Leben müssen nicht auf einen einzigen Hauptweg zusammenströmen. „Es ist nicht nötig, daß wir die Epiphanie unseres Lebens erfahren." Mehr als dieses Bewußtsein muß nicht erreicht werden. Daß der Hauptweg dennoch da ist, daß es dennoch um das Ganze geht, daß die Stellvertretung der Wanderer dennoch alle meint, ist der Trost der Wanderung.

Der Text von 1941 bleibt ohne „theologischen" Anlauf im Kreis der Gestalten um die Krippe. Hier wird Edith Steins Betrachtung fast intim, den Schwestern aus innerer Verwandtschaft mit dem Heiligen zugesprochen und zugetraut. Die Gestalten um die Krippe werden „durchsichtig", der Annäherung gezeigt. Wieder keine Idylle, diesmal auch nicht die Theologie des Festes: es bleibt die reine Einfügung in ein helldunkles Geheimnis. Stephanus und das Gold des Gehorsams, die Kinder von Juda und die Myrrhe der Armut, Johannes und der Weihrauch der Reinheit: in diesen drei Konturen wird die eigene Kontur christlicher Herausforderung deutlich. In Schrift und Brot sind diese Herausforderungen täglich neu aufzunehmen. „Königliche Gegengabe" solchen Aufnehmens ist die Nähe des Herrn selbst. Der Ernst der Aufnahme und der Gegengabe ist ebenso deutlich: der auferlegte Weg zeichnet sich nicht ab. „Ob wir das Ende dieses Jahres erleben, wissen wir nicht."

Vor dem Hintergrund des Wissens, wie Edith Steins Leben wenig später zu Ende kam, erscheinen die Worte von der Myrrhe des Schmerzes in neuem, durchdringendem Licht. Weihnachtliche Frömmigkeit kann an Gewicht und Lebensfülle gewinnen, wenn man sich Edith Steins Gedanken anvertraut, *wie* nahe die Krippe dem Kreuz steht, *wie* eng „unerbittlicher Ernst und tröstliche Verheißung" zusammengehören.

I
DAS WEIHNACHTSGEHEIMNIS

Menschwerdung und Menschheit

Advent und Weihnacht

Wenn die Tage kürzer und kürzer werden, wenn (in einem normalen Winter) die ersten Schneeflocken fallen, dann tauchen scheu und leise die ersten Weihnachtsgedanken auf. Und von dem bloßen Wort geht ein Zauber aus, dem sich kaum irgendein Herz entziehen kann. Selbst die Andersgläubigen und Ungläubigen, denen die alte Geschichte vom Kinde zu Bethlehem nichts bedeutet, rüsten für das Fest und überlegen, wie sie da und dort einen Strahl der Freude entzünden können. Es geht wie ein warmer Strom der Liebe über die ganze Erde schon Wochen und Monate vorher. Ein Fest der Liebe und Freude – das ist der Stern, auf den *alle* in den ersten Wintermonaten zugehen. – Für den Christen und besonders für den katholischen

Christen ist es noch etwas anderes. Ihn führt der Stern zur Krippe mit dem Kindlein, das den Frieden auf die Erde bringt. In zahllosen lieblichen Bildern stellt es uns die christliche Kunst vor Augen; alte Weisen, aus denen der ganze Zauber der Kindheit klingt, singen uns davon.

Wer mit der Kirche lebt, dem rufen die Rorateglocken und die Adventslieder eine heilige Sehnsucht im Herzen wach; und wem der unerschöpfliche Born der heiligen Liturgie erschlossen ist, bei dem pocht Tag um Tag der große Prophet der Menschwerdung mit seinen gewaltigen Mahnworten und Verheißungen an: „Tauet Himmel von oben, und Wolken regnet den Gerechten! Nahe ist schon der Herr! Laßt uns Ihn anbeten! Komm, Herr, und zögere nicht! – Jerusalem, frohlocke mit großer Freude, denn Dein Heiland kommt zu dir!" Vom 17. bis 24. Dezember rufen die großen O-Antiphonen zum Magnificat (O Weisheit! O Adonai, O Wurzel Jesse, O Schlüssel Davids, O Aufgang, O Völkerkönig) immer sehnsüchtiger und inbrünstiger ihr: „Komm, uns zu befreien." Und immer verheißungsvoller klingt es: „Siehe, alles ist erfüllt" (am letzten Advents-Sonntag); und schließlich: „Heute sollt Ihr wissen, daß der Herr kommt, und morgen werdet Ihr schauen Seine Herrlichkeit." Ja, wenn am Abend die Lichterbäume brennen und die Gaben getauscht werden, da drängt die unerfüllte Sehnsucht immer noch hinaus, nach einem anderen Lichtglanz, bis die Glocken zur Christmette läuten und das Wunder der Heiligen Nacht sich auf licht- und blumengeschmückten Altären erneuert: „Und das Wort ist Fleisch geworden." Nun ist der Augenblick der seligen Erfüllung da.

Die Gefolgschaft des menschgewordenen Gottessohnes

Solches Weihnachtsglück hat wohl jeder von uns schon erlebt. Aber noch sind Himmel und Erde nicht eins geworden. Der Stern von Bethlehem ist ein Stern in dunkler Nacht, auch heute noch. Schon am zweiten Tage legt die Kirche die weißen Festgewänder ab und kleidet sich in die Farbe des Blutes, und am vierten Tage in das Violett der Trauer: Stephanus, der Erzmärtyrer, der als erster dem Herrn im Tode nachfolgte, und die unschuldigen Kinder, die Säuglinge von Bethlehem und Juda, die von rohen Henkershänden grausam hingeschlachtet wurden, sie stehen als Gefolge um das Kind in der Krippe. Was will das sagen? Wo ist nun der Jubel der himmlischen Heerscharen, wo die stille Seligkeit der Heiligen Nacht? Wo ist der Friede auf Erden? Friede auf Erde denen, die guten Willens sind. Aber nicht alle sind guten Willens.

Darum mußte der Sohn des Ewigen Vaters aus der Herrlichkeit des Himmels herabsteigen, weil das Geheimnis der Bosheit die Erde in Nacht gehüllt hatte.

Finsternis bedeckte die Erde, und Er kam als Licht, das in der Finsternis leuchtet, aber die Finsternis hat Ihn nicht begriffen. Die Ihn aufnahmen, denen brachte Er das Licht und den Frieden; den Frieden mit dem Vater im Himmel, den Frieden mit allen, die gleich ihnen Kinder des Lichtes und Kinder des Vaters im Himmels sind, und den tiefen inneren Herzensfrieden: aber nicht den Frieden mit den Kindern der Finsternis. Ihnen bringt der Friedensfürst nicht den Frieden, sondern das Schwert. Ihnen ist Er der Stein des Anstoßes, gegen den sie anrennen und an dem sie zerschellen. Das ist die eine schwere und ernste Wahrheit, die wir uns durch den poetischen Zauber des Kindes in der Krippe nicht verdecken lassen dürfen. Das Geheimnis der Menschwerdung und das Geheimnis der Bosheit gehören eng zusammen. Gegen das Licht, das vom Himmel herabgekommen ist, sticht die Nacht der Sünde um so schwärzer und unheimlicher ab. Das Kind in der Krippe streckt die Händchen aus, und Sein Lächeln scheint schon zu sagen, was später die Lippen des Mannes gesprochen haben: „Kommt her zu mir alle, die ihr mühselig und beladen seid." Und die Seinem Ruf folgen, die armen Hirten, denen auf den Fluren von Bethlehem der Lichtglanz des Himmels und die Stimme des Engels die frohe Botschaft verkündeten und die darauf treuherzig ihr: „Lasset uns nach Bethlehem gehen" sprachen und sich auf den Weg machten; die Könige, die aus fernem Morgenlande im gleichen schlichten Glauben dem wunderbaren Stern folgten, ihnen floß von den Kinderhänden der Tau der Gnade zu, und sie „freuten sich mit großer Freude." Diese Hände geben und fordern zugleich: ihr Weisen, legt eure Weisheit nieder, und werdet einfältig wie die Kinder; ihr Könige, gebt eure Kronen und eure Schätze, und beugt euch in Demut vor dem König der Könige; nehmt ohne Zögern Mühen und Leiden und Beschwerden auf euch, die Sein Dienst erfordert. Ihr Kinder, die ihr noch nichts freiwillig geben könnt, euch nehmen die Kinderhände euer zartes Leben, ehe es noch recht begonnen hat: es kann nicht besser angewendet werden, als aufgeopfert zu werden für den Herrn des Lebens. „Folge mir", so sprechen die Kinderhände, wie später die Lippen des Mannes gesprochen haben. So sprachen Sie zu dem Jünger, den der Herr lieb hatte und der nun auch zu der Gefolgschaft an der Krippe gehört. Und der heilige Johannes, der Jüngling mit dem reinen Kinderherzen, folgte ohne zu fragen: Wohin? und Wozu? Er verließ des Vaters Schiff und ging dem Herrn nach auf allen Seinen Wegen bis hinauf nach Golgatha. „Folge mir" – das vernahm auch der Jüngling Stephanus. Er folgte dem Herrn zum Kampf gegen die Mächte der Finsternis, die Verblendung des hartnäckigen Unglaubens, er legte Zeugnis für Ihn ab mit seinem Wort und seinem Blut, er folgte Ihm auch in Seinem Geist, dem Geist der Liebe, der die Sünde bekämpft, aber den Sünder liebt und noch im Tode für den Mörder vor Gott eintritt. Lichtgestalten sind es, die um die Krippe knien: die zarten, unschuldigen Kinder, die treuherzigen Hirten, die demütigen Könige, Stephanus, der begeisterte Jünger, und der Liebesapostel Johannes, sie alle, die dem Ruf des Herrn folgten. Ihnen gegenüber steht die Nacht der unbegreiflichen Verhärtung und Verblendung: die Schriftgelehrten, die Auskunft geben können über Zeit und Ort, da der Heiland der Welt geboren werden soll, die aber kein „Laßt uns nach Bethlehem gehen!" daraus ableiten; der König Herodes, der den Herrn des Lebens töten will. Vor dem Kind in der Krippe scheiden sich die Geister. Es ist der König der Könige und der Herr über Leben und Tod. Er spricht Sein „Folge mir", und wer nicht für Ihn ist, ist wider Ihn. Er spricht es auch für uns und stellt uns vor die Entscheidung zwischen Licht und Finsternis.

Der mystische Leib Christi

Einssein mit Gott

Wohin es uns auf dieser Erde führen will, das wissen wir nicht und sollen wir nicht vor der Zeit fragen. Nur das wissen wir, daß denen, die den Herrn lieben, alle Dinge zum Guten gereichen. Und ferner, daß die Wege, die der Heiland führt, über diese Erde hinausgehen.

O wunderbarer Tausch! Der Schöpfer des Menschengeschlechtes verleiht uns, einen Leib annehmend, Seine Gottheit. Zu diesem wunderbaren Werk ist ja der Erlöser auf die Welt gekommen. Gott ward ein Menschenkind, damit die Menschen Gotteskinder werden konnten. Einer von uns hatte das Band der Gotteskindschaft zerrissen, einer von uns mußte es wieder knüpfen und die Sühne zahlen. Keiner konnte es aus dem alten, dem kranken und verwilderten Stamm. Ein neues, gesundes und edles Reis mußte aufgepfropft werden. Einer von uns ist Er geworden; aber damit mehr als das: eins mit uns. Das ist ja das Wunderbare am Menschengeschlecht, daß wir alle eins sind. Wäre es anders, stünden

wir als selbständige und getrennte Ein-
zelwesen frei und unabhängig nebenein-
ander, dann hätte der Fall des einen nicht
den Fall aller nach sich ziehen können.
Dann hätte andererseits wohl für uns der
Sühnepreis gezahlt und uns zugerechnet
werden können, aber es wäre nicht Seine
Gerechtigkeit auf die Sünder übergegan-
gen, es wäre keine Rechtfertigung möglich gewesen. Er aber kam, um *ein*
geheimnisvoller Leib mit uns zu sein: Er
unser Haupt, wir Seine Glieder. Legen
wir unsere Hände in die Hände des göttlichen Kindes, sprechen wir unser „Ja" zu
Seinem „Folge mir", dann sind wir Sein,
und der Weg ist frei, daß Sein göttliches
Leben auf uns übergehen kann.

Das ist der Anfang des ewigen Lebens
in uns. Es ist noch nicht seliges Gott-
schauen im Glorienlicht; es ist noch
Dunkel des Glaubens, aber es ist nicht
mehr von dieser Welt, es ist schon Stehen im Gottesreich. Als die allerseligste
Jungfrau ihr „Fiat" sprach, da begann das
Gottesreich auf Erden, und sie war seine
erste Dienerin. Und alle, die sich vor und
nach der Geburt des Kindes in Wort und
Tat zu Ihm bekannten – der heilige Josef,

die heilige Elisabeth mit ihrem Kinde und alle, die um die Krippe standen – sie traten in das Gottesreich ein. Es ist anders geworden, als man sich nach Psalmen und Propheten die Herrschaft des Gotteskönigs gedacht hatte. Die Römer blieben die Herren im Lande, und Hohepriester und Schriftgelehrte hielten weiter das arme Volk unter ihrem Joch. Unsichtbar trug jeder, der dem Herrn angehörte, sein Himmelreich in sich. Seine irdische Bürde wurde ihm nicht abgenommen, sondern sogar noch manche andere dazugelegt, aber was er in sich hatte, war eine beschwingte Kraft, die das Joch sanft machte und die Last leicht. So ist es noch heute bei jedem Gotteskinde. Das göttliche Leben, das in der Seele entzündet wird, ist das Licht, das in die Finsternis gekommen ist, das Wunder der Heiligen Nacht. Wer es in sich trägt, der versteht, wenn davon gesprochen wird. Für die andern aber ist alles, was man darüber sagen kann, ein unverständliches Stammeln. Das ganze Johannes-Evangelium ist ein solches Stammeln von dem ewigen Licht, das Liebe und Leben ist. Gott in uns und wir in Ihm, das ist unser Anteil am Gottesreich, zu dem die Menschwerdung den Grund gelegt hat.

Einssein in Gott

Einssein mit Gott: das ist das Erste. Aber ein Zweites folgt gleich daraus. Ist Christus das Haupt, wir die Glieder im mystischen Leib, dann stehen wir zueinander wie Glied zu Glied, und wir Menschen miteinander sind *eins in Gott,* ein göttliches Leben. Wenn Gott in uns ist und wenn Er die Liebe ist, so kann es nicht anders sein als daß wir die Brüder lieben. Darum ist unsere Menschenliebe das Maß unserer Gottesliebe. Aber es ist eine andere als die natürliche Menschenliebe. Die natürliche Liebe gilt diesem oder jenem, der uns durch Bande des Blutes verbunden oder durch Verwandtschaft des Charakters oder gemeinsame Interessen nahesteht. Die andern sind „Fremde", die einen „nichts angehen", einem eventuell sogar durch ihr Wesen widerwärtig sind, so daß man sie sich möglichst weit vom Leibe hält. Für den Christen gibt es keinen „fremden Menschen". Der ist jeweils der „Nächste", den wir vor uns haben und der unserer am meisten bedarf; gleichgültig, ob er verwandt ist oder nicht, ob wir ihn „mögen" oder nicht, ob er der Hilfe „moralisch würdig" ist oder nicht. Die Liebe Christi kennt keine Grenzen, sie hört nimmer auf, sie schaudert nicht zurück vor Häßlichkeit und Schmutz. Er ist um der Sünder willen gekommen und nicht um der Gerechten willen. Und wenn die Liebe Christi in uns lebt, dann machen wir es wie Er und gehen den verlorenen Schafen nach.

Die natürliche Liebe geht darauf aus, den geliebten Menschen für sich zu haben und ihn möglichst ungeteilt zu besitzen. Christus ist gekommen, um die verlorene Menschheit für den Vater zurückzugewinnen; und wer mit Seiner Liebe liebt, der will die Menschen für Gott und nicht für sich. Das ist freilich zugleich der sicherste Weg, um sie auf ewig zu besitzen; denn wenn wir einen Menschen in Gott geborgen haben, dann sind wir ja mit ihm in Gott eins, während die Sucht zu erobern oft – ja wohl früher oder später immer – zum Verlust führt. Es gilt für die fremde Seele wie für die eigene und für jedes äußere Gut: wer äußerlich darauf aus ist, zu gewinnen und zu bewahren, der verliert. Wer an Gott hingibt, der gewinnt.

Dein Wille geschehe!

Damit rühren wir an ein drittes Zeichen der Gotteskindschaft. Einssein mit Gott war das Erste. Daß alle eins seien in Gott das Zweite. Das Dritte: „Daran erkenne ich, daß ihr mich liebt, wenn ihr meine Gebote haltet." Gotteskind sein heißt: an Gottes Hand gehen, Gottes Willen, nicht den eigenen Willen tun, alle Sorge und alle Hoffnung in Gottes Hand legen, nicht mehr um sich und seine Zukunft sorgen. Darauf beruht die Freiheit und Fröhlichkeit des Gotteskindes. Wie wenige, auch von den wahrhaft Frommen, selbst heroisch Opferwilligen, besitzen sie! Sie gehen immer wie niedergebeugt unter der schweren Last ihrer Sorgen und Pflichten. Alle kennen das Gleichnis von den Vögeln unter dem Himmel und den Lilien auf dem Felde. Aber wenn sie einem Menschen begegnen, der kein Vermögen, keine Pension und keine Versicherung hat und doch unbekümmert um seine Zukunft lebt, dann schütteln Sie den Kopf wie über etwas Ungewöhnliches. Freilich, wer von dem Vater im Himmel erwartet, da Er ihm jederzeit für das Einkommen und die Lebensverhältnisse sorgen werde, die er für wünschenswert hält, der könnte sich schwer verrechnet haben. Nur dann wird das Gottvertrauen unerschüttert standhalten, wenn es die Bereitschaft einschließt, alles und jedes aus des Vaters Hand entgegenzunehmen. Er allein weiß ja, was uns gut tut. Und wenn einmal Not und Entbehrung angebrachter wären als behaglichgesichertes Auskommen, oder Mißerfolg und Verdemütigung besser als Ehre und Ansehen, dann muß man sich auch dafür bereit halten. Tut man das, so kann man unbelastet durch die Zukunft der Gegenwart leben.

Das „Dein Wille geschehe!" in seinem vollen Ausmaß muß die Richtschnur des Christenlebens sein. Es muß den Tageslauf vom Morgen bis zum Abend, den Gang des Jahres und das ganze Leben regeln: Es wird dann auch des Christen einzige Sorge. Alle anderen Sorgen nimmt der Herr auf sich. Diese eine aber bleibt uns, solange wir leben. Es ist objektiv so, daß wir nicht endgültig versichert sind, immer auf Gottes Wegen zu bleiben. Wie die ersten Menschen aus der Gotteskindschaft in die Gottesferne fallen konnten, so steht jeder von uns immer auf des Messers Schneide zwischen dem Nichts und der Fülle des göttlichen Lebens. Und früher oder später wird uns das auch subjektiv fühlbar. In den Kindertagen des geistlichen Lebens, wenn wir eben angefangen haben uns Gottes Führung zu überlassen, da fühlen wir die leitende Hand ganz stark und fest; sonnenhell liegt es vor uns, was wir zu tun und zu lassen haben. Aber das bleibt nicht immer so. Wer Christus angehört, der muß das ganze Christusleben durchleben. Er muß zum Mannesalter Christi heranreifen, er muß einmal den Kreuzweg antreten nach Gethsemane und Golgatha. Und alle Leiden, die von außen kommen, sind nichts im Vergleich zu der dunklen Nacht der Seele, wenn das göttliche Licht nicht mehr leuchtet und die Stimme des Herrn nicht mehr spricht. Gott ist da, aber Er ist verborgen und schweigt. Warum das so ist? Es sind Gottes Geheimnisse, von denen wir sprechen, und die lassen sich nicht restlos durchdringen. Aber ein wenig hineinschauen können wir schon. Gott ist Mensch geworden, um uns aufs neue teilhaben zu lassen an Seinem Leben. Damit beginnt es, und das ist das letzte Ziel.

Aber dazwischen liegt noch etwas anderes. Christus ist Gott und Mensch, und wer Sein Leben teilen will, muß am göttlichen und am menschlichen Leben Anteil haben. Die menschliche Natur, die Er annahm, gab Ihm die Möglichkeit, zu leiden und zu sterben. Die göttliche Natur, die Er von Ewigkeit besaß, gab dem Leiden und Sterben unendlichen Wert und erlösende Kraft. Christi Leiden und Tod setzen sich fort in Seinem mystischen Leibe und in jedem Seiner Glieder. Leiden und sterben muß jeder Mensch. Aber wenn er *lebendiges* Glied am Leibe Christi ist, dann bekommt sein Leiden und Sterben durch die Gottheit des Hauptes erlösende Kraft. Das ist der objektive Grund, warum alle Heiligen nach Leiden verlangt haben. Das ist keine krankhafte Lust am Leiden. Den Augen des natürlichen Verstandes erscheint es zwar als Perversion. Im Licht des Erlösungsgeheimnisses erweist es sich jedoch als höchste Vernunft. Und so wird der Christus-Verbundene auch in der dunklen Nacht der subjektiven Gottferne und -verlassenheit unerschüttert ausharren; vielleicht setzt die göttliche Voraussicht seine Qual ein, um einen objektiv Gefesselten zu befreien. Darum: „Dein Wille geschehe!" auch und gerade darum in dunkelster Nacht.

Heilsmittel

Aber können wir dieses „Dein Wille geschehe" denn noch sprechen, wenn wir keine Gewißheit mehr haben, was Gottes Wille von uns verlangt? Haben wir noch Mittel, uns auf Seinen Wegen zu halten, wenn das innere Licht erlischt? Es gibt solche Mittel und so starke Mittel, daß das Abirren bei aller prinzipiellen Möglichkeit tatsächlich unendlich unwahrscheinlich wird. Gott ist ja gekommen, uns zu erlösen, uns mit sich zu verbinden, uns untereinander zu verbinden, unsern Willen dem

Seinen gleichförmig zu machen. Er kennt unsere Natur. Er rechnet mit ihr und hat uns darum alles geschenkt, was uns helfen kann, ans Ziel zu gelangen.

Das göttliche Kind ist zum *Lehrer* geworden und hat uns gesagt, was wir tun sollen. Um ein ganzes Menschenleben mit göttlichem Leben zu durchdringen, genügt es nicht, einmal im Jahr vor der Krippe zu knien und sich von dem Zauber der Heiligen Nacht gefangennehmen zu lassen. Dazu muß man das ganze Leben lang in täglichem Verkehr mit Gott stehen, auf die Worte hören, die Er gesprochen hat und die uns überliefert sind, und diese Worte befolgen. Vor allen Dingen beten, wie es der Heiland selbst gelehrt und so eindringlich immer wieder eingeschärft hat. „Bittet und ihr werdet empfangen." Das ist die sichere Verheißung der Erhörung. Und wer täglich von Herzen sein „Herr, Dein Wille geschehe" spricht, er darf wohl darauf vertrauen, daß er den göttlichen Willen auch da nicht verfehlt, wo er keine subjektive Gewißheit mehr hat.

Ferner: Christus hat uns nicht als Waisenkinder zurückgelassen. Er hat Seinen Geist gesandt, der uns alle Wahrheit lehrt;

er hat Seine Kirche begründet, die von Seinem Geist geleitet wird, und hat in ihr Seine Stellvertreter eingesetzt, durch deren Mund Sein Geist in Menschenworten zu uns spricht. Er hat in ihr die Gläubigen zur Gemeinschaft verbunden und will, daß einer für den anderen einsteht. So sind wir nicht allein, und wo das Vertrauen auf die eigene Einsicht und selbst auf das eigene Gebet versagt, da hilft die Kraft des Gehorsams und die Kraft der Fürbitte.

„Und das Wort ist Fleisch geworden." Das ist Wahrheit geworden im Stall zu Bethlehem. Aber es hat sich noch erfüllt in einer anderen Form. „Wer mein Fleisch ißt und mein Blut trinkt, der hat das ewige Leben." Der Heiland, der weiß, daß wir Menschen sind und Menschen bleiben, die täglich mit Schwächen zu kämpfen haben, kommt unserer Menschlichkeit auf wahrhaft göttliche Weise zu Hilfe. Wie der irdische Leib des täglichen Brotes bedarf, so verlangt auch das göttliche Leben in uns nach dauernder Ernährung. „Dieses ist das lebendige Brot, das vom Himmel herabgekommen ist." Wer es wahrhaft zu seinem täglichen Brot macht, in dem vollzieht sich täglich das Weihnachtsgeheimnis, die

Menschwerdung des Wortes. Und das ist wohl der sicherste Weg, das Einssein mit Gott dauernd zu erhalten, mit jedem Tage fester und tiefer in den mystischen Leib Christi hineinzuwachsen. Ich weiß wohl, daß das vielen als ein allzu radikales Verlangen erscheinen wird. Praktisch bedeutet es für die meisten, wenn sie es neu beginnen, eine Umstellung des gesamten äußeren und inneren Lebens. Aber das soll es ja gerade! In unserm Leben Raum schaffen für den eucharistischen Heiland, damit Er unser Leben in Sein Leben umformen kann: ist das zuviel verlangt? Man hat für so viele nutzlose Dinge Zeit: allerhand unnützes Zeug aus Büchern, Zeitschriften und Zeitungen zusammenzulesen, in Cafés herumzusitzen und auf der Straße viertel- und halbe Stunden zu verschwatzen: alles „Zerstreuungen", in denen man Zeit und Kraft splitterweise verschleudert. Sollte es wirklich nicht möglich sein, eine Morgenstunde herauszusparen, in der man sich nicht zerstreut, sondern sammelt, in der man sich nicht verbraucht, sondern Kraft gewinnt, um den ganzen Tag damit zu bestreiten?

Aber freilich, es ist mehr dazu erforder-

lich als die eine Stunde. Man muß von einer solchen Stunde zur andern so leben,
daß man wiederkommen darf. Es ist nicht
mehr möglich, „sich gehen zu lassen",
wenn auch nur zeitweise. Mit wem man
täglich umgeht, dessen Urteil kann man
sich nicht entziehen. Selbst, wenn kein
Wort gesagt wird, fühlt man, wie die andern zu einem stehen. Man wird versuchen, sich der Umgebung anzupassen, und
wenn es nicht möglich ist, wird das Zusammenleben zur Qual. So geht es auch im täglichen Verkehr mit dem Heiland. Man wird
immer feinfühliger für das, was Ihm gefällt
und mißfällt. Wenn man vorher im großen
und ganzen recht zufrieden mit sich war,
so wird das jetzt anders werden. Man wird
vieles finden was böse ist und wird es ändern, soweit man es vermag. Und manches
wird man entdecken, was man nicht schön
und gut finden kann und was doch so
schwer zu ändern ist. Da wird man allmählich sehr klein und demütig, wird geduldig
und nachsichtig gegen die Splitter in fremden Augen, weil einem der Balken im eigenen zu schaffen macht; und lernt schließlich auch sich selbst in dem unerbittlichen
Licht der göttlichen Gegenwart zu ertragen

und sich der göttlichen Barmherzigkeit zu
überlassen, die mit all dem fertig werden
kann, was unserer Kraft spottet. Es ist ein
weiter Weg von der Selbstzufriedenheit eines „guten Katholiken", der „seine Pflichten erfüllt", eine „gute Zeitung" liest,
„richtig wählt" usw., im übrigen aber tut,
was ihm beliebt, bis zu einem Leben an
Gottes Hand und aus Gottes Hand, in der
Einfalt des Kindes und der Demut des
Zöllners. Aber wer ihn einmal gegangen
ist, wird ihn nicht wieder zurückgehen.

So besagt Gotteskindschaft: Kleinwer-
den und zugleich: Großwerden. Euchari-
stisch leben heißt ganz von selbst aus der
Enge des eigenen Lebens herausgehen und
in die Weite des Christuslebens hinein-
wachsen. Wer den Herrn in Seinem Hause
aufsucht, wird Ihn nicht nur immer mit
sich selbst und seinen Angelegenheiten be-
schäftigen wollen. Er wird anfangen, sich
für die Angelegenheiten des Herrn zu in-
teressieren. Die Teilnahme am täglichen
Opfer zieht uns unwillkürlich in das liturgische Leben hinein. Die Gebete und die
Gebräuche des Altardienstes führen uns
im Kreislauf des Kirchenjahres die Heils-
geschichte immer wieder vor die Seele und

lassen uns immer tiefer in ihren Sinn ein-
dringen. Und die Opferhandlung prägt uns
immer wieder das Zentralgeheimnis unseres Glaubens ein, den Angelpunkt der
Weltgeschichte, das Geheimnis der
Menschwerdung und Erlösung. Wer
könnte mit empfänglichem Geist und Herzen dem heiligen Opfer beiwohnen, ohne
selbst von der Opfergesinnung erfaßt zu
werden, ohne von dem Verlangen ergriffen
zu werden, daß er selbst und sein kleines
persönliches Leben aufgehe im großen
Werk des Erlösers.

Die Mysterien des Christentums sind
ein unteilbares Ganzes. Wenn man sich in
eines vertieft, wird man zu allen andern
hingeführt. So führt der Weg von Bethlehem unaufhaltsam nach Golgatha, von der
Krippe zum Kreuz. Als die heiligste Jungfrau das Kind zum Tempel hintrug, da
ward ihr geweissagt, daß ihre Seele ein
Schwert durchdringen werde, daß dieses
Kind gesetzt sei zum Fall und zur Auferstehung vieler, zum Zeichen, dem man wider-
sprechen würde. Es ist die Ankündigung
des Leidens, des Kampfes zwischen Licht
und Finsternis, der sich schon an der
Krippe zeigte!

In manchen Jahren fallen Lichtmeß und Septuagesima fast zusammen, die Feier der Menschwerdung und die Vorbereitung auf die Passion. In der Nacht der Sünde strahlt der Stern von Bethlehem auf. Auf den Lichtglanz, der von der Krippe ausgeht, fällt der Schatten des Kreuzes. Das Licht erlischt im Dunkel des Karfreitags, aber es steigt strahlender auf als Gnadensonne am Auferstehungsmorgen. Durch Kreuz und Leiden zur Herrlichkeit der Auferstehung ist der Weg des fleischgewordenen Gottessohnes. Mit dem Menschensohn durch Leiden und Tod zur Herrlichkeit der Auferstehung zu gelangen ist der Weg für jeden von uns, für die ganze Menschheit.

II
VERBORGENES LEBEN
UND EPIPHANIE

Wenn in den dunklen Dezembertagen das milde Licht der Adventskerzen aufleuchtet – ein geheimnisvolles Licht in einem geheimnisvollen Dunkel –, dann erweckt es in uns den tröstlichen Gedanken, daß das göttliche Licht, der Heilige Geist, niemals aufgehört hat, in die Finsternis der gefallenen Welt hineinzuleuchten. Er ist seiner Schöpfung treu geblieben, ungeachtet aller Untreue der Geschöpfe. Und wenn die Finsternis sich nicht von dem himmlischen Licht durchdringen lassen wollte, so fanden sich doch darin immer auch einige empfängliche Stellen, wo es aufleuchten konnte.

Ein Strahl dieses Lichtes fiel in die Herzen der Stammeltern schon in der Stunde des Gerichtes, das über sie erging. Ein *erleuchtender* Strahl, der in ihnen Erkenntnis ihrer Schuld weckte; ein *zündender* Strahl,

der sie in heißem Reueschmerz entbren-
nen ließ, läuternd und reinigend, und sie
empfänglich machte für das milde Licht
des Hoffnungssternes, der in den Verhei-
ßungsworten des Urevangeliums ihnen
aufstrahlte.

Wie die Herzen der ersten Menschen, so
sind in der Folge der Zeiten immer wieder
Menschenherzen von dem göttlichen
Strahl getroffen worden. Vor aller Welt
verborgen, erleuchtete und durchglühte er
sie, ließ den harten, verkrusteten, mißge-
stalteten Stoff dieser Herzen weich werden
und formte ihn dann mit zarter Künstler-
hand aufs neue nach dem Bilde Gottes.
Von keinem Menschenauge gesehen,
wurde und werden so die lebendigen Bau-
steine gebildet und zu einer zunächst unsichtbaren Kirche zusammengefügt. Aus
dieser unsichtbaren Kirche aber wächst die
sichtbare hervor in immer neuen, weithin
leuchtenden Gottes*taten* und Gottes*offenba-
rungen* – immer neuen *Epiphanien.* Das stille
Wirken des Heiligen Geistes im Innersten
der Seele hat die Patriarchen zu Freunden
Gottes gemacht. Als sie aber so weit waren,
sich ihm als gefügige Werkzeuge zu überlassen, setzte er sie ein in äußerlich sicht-

barer Wirksamkeit, als Träger geschichtlicher Entwicklung, und erweckte aus ihnen sein auserwähltes Volk. So wurde auch Mose erst in der Stille herangebildet und dann als Führer und Gesetzgeber gesandt.

Nicht jeder, den Gott als Werkzeug gebraucht, muß in dieser Weise vorgebildet sein. Es können auch Menschen ohne ihr Wissen oder sogar gegen ihren Willen Gott als Werkzeug dienen; eventuell Menschen, die weder äußerlich noch innerlich zur Kirche gehören. Sie werden dann eingesetzt wie der Hammer oder Meißel des Künstlers, oder wie das Messer, womit der Winzer die Rebzweige beschneidet. Bei denen, die zur Kirche gehören, kann auch zeitlich die äußere Zugehörigkeit der inneren vorausgehen, ja auch sachlich dafür von Bedeutung sein (so wenn jemand ohne Glauben getauft wird und dann durch das äußere Leben in der Kirche zum Glauben gelangt). Aber das letztlich Tragende ist das innere Leben; die Bildung geht von innen nach außen. Je tiefer eine Seele mit Gott verbunden ist, je restloser der Gnade hingegeben, desto stärker wird ihr Einfluß auf die Gestaltung der Kirche sein. Umgekehrt: je mehr eine Zeit in die Nacht der

Sünde und Gottesferne versunken ist, desto mehr bedarf sie der gottverbundenen Seelen. Gott läßt es auch daran nicht fehlen. Aus der dunkelsten Nacht treten die größten Propheten- und Heiligengestalten hervor. Aber zum großen Teil bleibt der gestaltende Strom des mystischen Lebens unsichtbar. Sicherlich werden die entscheidenden Wendungen in der Weltgeschichte wesentlich mitbestimmt durch Seelen, von denen kein Geschichtsbuch etwas meldet. Und welchen Seelen wir die entscheidenden Wendungen in unserm persönlichen Leben verdanken, das werden wir auch erst an dem Tage erfahren, an dem alles Verborgene offenbar wird.

Weil die verborgenen Seelen nicht abgesondert leben, sondern in lebendigem Zusammenhang und in einer großen göttlichen Ordnung stehen, darum sprechen wir von einer *unsichtbaren Kirche.* Ihre Wirksamkeit und ihr Zusammenhang können ihnen selbst und andern während ihres ganzen Erdenlebens verborgen bleiben. Es ist aber auch möglich, daß etwas davon in der äußeren Ordnung sichtbar wird. So war es bei den Personen und Ereignissen, die in das *Geheimnis der Menschwerdung* verflochten sind. Maria und Joseph, Zacharias und Elisabeth, die Hirten und die Könige, Simeon und Anna – sie alle hatten ein einsames Leben mit Gott hinter sich und waren für ihre besondere Aufgabe vorbereitet, ehe sie sich in jenen wunderbaren Begegnungen und Begebenheiten zusammenfanden und ihren bisherigen Weg rückschauend als Hinführung zu diesen Höhepunkten verstanden. In den überlieferten Lobgesängen kommt ihre staunende Anbetung vor den göttlichen Großtaten zum Ausdruck.

In den Menschen, die um die Krippe versammelt sind, haben wir ein Bild der Kirche und ihrer Entwicklung. Die Vertreter des alten Königsgeschlechtes, dem der Weltheiland verheißen war, und die Vertreter des gläubigen Volkes stellen die Verbindung zwischen dem Alten und dem Neuen Bunde her. Die Könige aus dem fernen Morgenlande weisen auf die Heidenvölker, denen von Juda her das Heil kommen soll. So steht hier schon „die Kirche aus Juden und Heiden". Die Könige sind an der Krippe als Vertreter der Suchenden aus allen Ländern und Völkern. Die Gnade hat sie geführt, ehe sie noch zur

äußeren Kirche gehörten. In ihnen lebte
ein reines Verlangen nach der Wahrheit,
das nicht haltmachte vor den Grenzen hei-
mischer Lehren und Überlieferungen. Weil
Gott die Wahrheit ist und weil er sich finden lassen will von denen, die ihn von gan-
zem Herzen suchen, mußte diesen *Weisen*
früher oder später der Stern aufleuchten,
der ihnen den Weg zur Wahrheit zeigte.
Und so stehen sie jetzt vor der menschge-
wordenen Wahrheit, sinken vor ihr anbe-
tend nieder und legen ihr ihre Kronen zu
Füßen, weil alle Schätze der Welt nur ein
wenig Staub sind im Vergleich zu ihr.

Auch für uns haben die Könige eine besondere Bedeutung. Gehörten wir auch
schon der äußeren Kirche an, so trieb doch
auch uns ein inneres Drängen hinaus aus
dem Kreis der ererbten Anschauungen
und Gewohnheiten. Wir kannten Gott,
aber wir fühlten, daß er von uns auf eine
neue Art gesucht und gefunden werden
wollte. Darum wollten wir uns aufmachen
und suchten nach einem Stern, der uns den
rechten Weg weise. Und er ging uns auf in
der Gnade der Berufung. Wir folgten ihm
und fanden das göttliche Kindlein. Es
streckte die Hände aus nach unsern Gaben:

es wollte das lautere *Gold* eines von allen irdischen Gütern losgelösten Herzens; die *Myrrhe* des Verzichtes auf alles Glück dieser Welt, um dafür den Anteil am Leben und Leiden Jesu einzutauschen; den *Weihrauch* eines gerade emporstrebenden Willens, der sich selbst aufgibt, um sich im göttlichen Willen zu verlieren. Für diese Gaben schenkte uns das göttliche Kind sich selbst.

Aber dieser wunderbare Tauschhandel war nicht etwas Einmaliges. Er erfüllt unser ganzes Leben. Auf die festliche Stunde der bräutlichen Hingabe folgte der Alltag des Ordenslebens. Wir mußten „in unser Land zurückziehen", aber „auf einem andern Wege": geleitet von dem neuen Licht, das uns an feierlicher Stätte aufgestrahlt war. Das neue Licht fordert uns auf, von neuem zu suchen. „Gott läßt sich suchen", sagt St. Augustinus, „um sich finden zu lassen. Er läßt sich finden, um wiederum gesucht zu werden." Nach jeder großen Gnadenstunde ist es, als fingen wir jetzt erst an, unsern Beruf zu begreifen. Darum entspricht es auch einem inneren Bedürfnis, daß wir unsere Gelübde immer wieder erneuern. Und es liegt ein tiefer Sinn darin,

daß wir es am Fest der Heiligen Drei Könige tun, deren Wanderung und Bekennt-
nis uns ein Sinnbild unseres Lebens ist.
Auf jede echte, von Herzen vollzogene
Gelübdeerneuerung antwortet das göttliche Kind mit einer erneuten Annahme, einer tieferen Vereinigung. Und das bedeutet ein neues, verborgenes Gnadenwirken
in unserer Seele. Vielleicht äußert es sich
in einer Epiphanie, einem Sichtbarwerden
des göttlichen Wirkens in unserem äußeren Verhalten und Wirken, das die Umgebung wahrnimmt. Vielleicht trägt es aber
auch Früchte, denen es kein Mensch an-
sieht, aus welchen geheimen Quellen ihnen der Lebenssaft zuströmt.

Wir leben heute wieder in einer Zeit, die
der Erneuerung aus den verborgenen
Quellen gottverbundener Seelen dringend
bedarf. Es setzen auch viele Leute ihre
letzte Hoffnung auf diese verborgenen
Quellen des Heils. Das ist ein ernster
Mahnruf: rückhaltlose Hingabe an den
Herrn, der uns gerufen hat, das wird von
uns verlangt, damit das Angesicht der Erde
erneuert werden könne. In gläubigem Vertrauen müssen wir unsere Seele dem Wal-
ten des Heiligen Geistes überlassen. Es ist

nicht nötig, daß wir die Epiphanie unseres Lebens erfahren. Wir dürfen in der Glaubensgewißheit leben, daß das, was der Geist Gottes verborgen in uns wirkt, seine Früchte trägt im Reich Gottes. Wir werden sie schauen in der Ewigkeit.

So wollen wir denn dem Herrn unsere Gaben bringen: wir legen sie in die Hände der Gottesmutter; ihrer Verehrung ist dieser erste Samstag [9] besonders geweiht, und nichts kann ihrem reinsten Herzen größere Freude bereiten als die immer tiefere Hingabe an das göttliche Herz. Sie wird ferner gewiß keine Bitte lieber dem Kind in der Krippe empfehlen als die um heilige Priester und ein segensreiches priesterliches Wirken – die Bitte, die der heutige Priestersamstag von uns fordert und die unsere heilige Mutter uns als wesentliches Bestandstück unseres Karmelberufes so dringend ans Herz gelegt hat.

---

[9] 1940 fiel der 6. Januar auf einen Samstag.

III
MIT DEN HEILIGEN
KÖNIGEN
AN DER KRIPPE

Wieder knien wir mit den heiligen Königen an der Krippe. Der Herzschlag des göttlichen Kindes hat den Stern gelenkt, der uns herführte. Sein Licht, der Abglanz des ewigen Lichtes, bricht sich mannigfach in den Strahlen um das Haupt der Heiligen, die uns die hl. Kirche als Hofstaat des neugeborenen Königs der Könige zeigt. Sie lassen etwas vom Geheimnis unserer Berufung vor uns aufleuchten.

Maria und Joseph sind in der Weihnachtsliturgie nicht von ihrem göttlichen Kinde zu trennen. Sie haben in dieser Zeit kein eigenes Fest, denn alle Feste des Herrn sind *ihre* Feste, Feste der heiligen Familie. Sie *kommen* nicht zur Krippe, sondern sind von vornherein da. Wer zum Kinde kommt, kommt auch zu ihnen. Sie sind ganz eingetaucht in sein himmlisches Licht.

Am nächsten beim neugeborenen Heiland sehen wir den hl. Stephanus. Was hat dem ersten Blutzeugen des Gekreuzigten diesen Ehrenplatz verschafft? Er hat in jugendlicher Begeisterung vollbracht, was der Herr bei seinem Eintritt in die Welt sprach: „Einen Leib hast du mir gegeben. Siehe, ich komme, deinen Willen zu erfüllen." Er hat den vollkommenen *Gehorsam* geübt, der in der Liebe seine Wurzel hat und in der Liebe sich äußert. Er ist dem Herrn nachgefolgt in dem, was dem Menschenherzen natürlicherweise vielleicht am schwersten fällt, ja unmöglich scheint: er hat das Gebot der Feindesliebe erfüllt wie der Heiland selbst. Das Kind in der Krippe, das gekommen ist, um den Willen seines Vaters zu vollbringen bis zum Tode am Kreuz, sieht im Geist vor sich alle, die ihm auf diesem Wege nachfolgen werden. Sein Herz schlägt dem Jüngling entgegen, den er einst als ersten am Thron des Vaters mit der Palme erwarten wird. Sein Händchen weist uns auf ihn hin als auf unser Vorbild, gleich als sollte es sagen: Sehet das *Gold,* das ich von euch erwarte.

Nicht weit von dem ersten Martyrer stehen die *flores martyrum,* die zarten Blüten,

82

die gebrochen wurden, ehe sie zur Opfer-*tat* herangereift waren. Es ist frommer Glaube, daß die Gnade der natürlichen Entwicklung bei den Unschuldigen Kindern zuvorkam und ihnen das Verständnis erschloß für das, was mit ihnen geschah, um sie zu freier Hingabe zu befähigen und ihnen den Märtyrerlohn zu sichern. Doch auch so gleichen sie nicht dem mannhaften Bekenner, der sich mit Heldenmut für die Sache Christi einsetzt. Sie gleichen vielmehr den Lämmern, die zur Schlachtbank geführt werden, in ihrem wehrlosen Preisgegebensein. So sind sie das Bild der äußersten *Armut*. Sie haben kein anderes Gut als ihr Leben. Nun wird ihnen auch das genommen, und sie lassen es ohne Widerstand geschehen. Sie umgeben die Krippe, um uns zu zeigen, welcher Art die *Myrrhe* ist, die wir dem göttlichen Kinde darbringen sollen: Wer ihm ganz angehören will, der muß sich ihm in restloser Selbstentäußerung ausliefern, dem göttlichen Belieben preisgeben wie diese Kinder.

An seiner Krippe will der Heiland auch den nicht vermissen, der ihm im Leben besonders teuer war: den Jünger, den Jesus liebhatte. Er ist uns vertraut als das Bild *jungfräulicher Reinheit.* Weil er rein war, hat er dem Herrn wohlgefallen. Er durfte am Herzen Jesu ruhen und dort eingeweiht werden in die Geheimnisse des göttlichen Herzens. Wie der himmlische Vater für seinen Sohn Zeugnis ablegte, als er rief: „Dieser ist mein geliebter Sohn, ihn sollt ihr hören!", so scheint auch das göttliche Kind uns auf den Lieblingsjünger hinzuweisen und zu sagen: Kein *Weihrauch* ist mir angenehmer als die liebende Hingabe eines reinen Herzens. Höret auf ihn, der Gott schauen durfte, weil er reinen Herzens war. Niemand hat tiefer hineingeschaut in die verborgenen Abgründe des göttlichen Lebens als er. Darum verkündet er das Geheimnis von der ewigen Geburt des göttlichen Wortes feierlich im Festgottesdienst der Weihnachtstage und still am Ende der heiligen Messe[10]. Er hat die Kämpfe seines Herrn mitgelebt, wie nur eine bräutlich liebende Seele es vermag. Er hat uns den guten Hirten gezeichnet, der den verlorenen Schafen nachgeht. Von ihm können wir lernen, wie teuer dem göttlichen Herzen die

---

[10] Damals wurde jede heilige Messe mit dem Prolog des Johannesevangelium geschlossen.

Menschenseelen sind und daß wir ihm keine größere Freude machen können, als wenn wir ihm bereitwillige Werkzeuge sind auf seinen Hirtenwegen. Er hat uns die Selbstzeugnisse sorgfältig verwahrt und übermittelt, in denen der Heiland vor Freunden und Feinden seine Gottheit bekannte. Er hat den Schrein des göttlichen Herzens vor uns aufgeschlossen in der Wiedergabe der Abschiedsrede des Herrn und seines hohepriesterlichen Gebetes. Durch ihn wissen wir, welcher Anteil am Leben Christi – als den Reben am göttlichen Weinstock – und am Leben des dreifaltigen Gottes uns zugedacht ist. Er durfte auch schon als Lebender den Gottmenschen als Weltenrichter schauen, um uns die gewaltigen Rätselbilder der Geheimen Offenbarung von der Endzeit zu zeichnen: in jenem Buch, das wie kein anderes geeignet ist, uns die Wirren dieser Zeit als einen Teil des großen Kampfes zwischen Christus und dem Antichrist verstehen zu lernen; ein Buch von unerbittlichem Ernst und von tröstlichster Verheißung.

Johannes an der Krippe des Herrn – das sagt uns: Seht, was denen beschieden ist, die sich mit reinem Herzen Gott schenken.

Die ganze unausschöpfliche Fülle des gott-
menschlichen Lebens Jesu wird ihnen als
königliche Gegengabe zuteil. Kommet und
trinket aus den Quellen lebendigen Was-
sers, die der Heiland den Dürstenden öffnet und die fortströmen ins ewige Leben.
Das Wort ist Fleisch geworden und liegt
vor uns in der Gestalt eines neugeborenen
Kindleins. Wir dürfen zu ihm hintreten
und ihm die Gaben unserer hl. Gelübde
bringen. Und dann sollen wir in einem
neuen Jahr mit ihm den ganzen Weg seines
Erdenlebens gehen. Jedes Geheimnis dieses Lebens, in das wir in liebender Betrachtung einzudringen suchen, ist uns ein
Quell ewigen Lebens. Und derselbe Heiland, den das Wort der Schrift uns auf allen
seinen Erdenwegen in menschlicher Gestalt vor Augen führt, er wohnt unter uns
verhüllt in der Gestalt des eucharistischen
Brotes, er kommt zu uns alle Tage als das
Brot des Lebens. In dieser und jener Gestalt ist er uns nahe, unter dieser und jener
Gestalt will er von uns gesucht und gefunden werden. Eins unterstützt das andere.
Wenn wir den Heiland mit dem geistigen
Auge vor uns sehen, wie ihn die Heilige
Schrift uns zeichnet, dann wächst unser

Verlangen, ihn im Brot des Lebens bei uns aufzunehmen. Das eucharistische Brot wiederum weckt unser Verlangen, den Herrn aus dem Wort der Schrift immer tiefer kennenzulernen, und stärkt unsern Geist zu besserem Verständnis.

Ein neues Jahr an der Hand des Herrn – ob wir das Ende dieses Jahres erleben, wissen wir nicht. Aber wenn wir jeden Tag aus den Quellen des Erlösers trinken, dann führt uns jeder Tag tiefer ins ewige Leben hinein und bereitet uns vor, leicht und gern die Bürde dieses irdischen Lebens abzuwerfen, wenn einmal der Ruf des Herrn ertönt. Das göttliche Kind reicht uns seine Hand zur Erneuerung des bräutlichen Bundes. Eilen wir, diese Hand zu ergreifen: Der Herr ist mein Licht und mein Heil – wen sollte ich fürchten?

Hinweis: Die Texte von Edith Stein erscheinen hier mit freundlicher Erlaubnis des „Archivum Carmelitanum Edith Stein" in Brüssel. Die Abschnitte „Verborgenes Leben und Epiphanie" und „Mit den heiligen Königen an der Krippe" sind entnommen dem Band „Verborgenes Leben. Hagiographische Essays, Meditationen, geistliche Texte", Edith Steins Werke, Band XI, herausgegeben von Lucie Gelber und Michael Linssen OCD, Druten – Freiburg i. Br. 1987, S. 144–151. Die Betrachtung „Das Weihnachtsgeheimnis" erscheint in Band XII von Edith Steins Werken (in Vorbereitung).